Bruderhand-Medien

Bibelkurs

# ALPHA UND OMEGA

Fünf grundlegende Aspekte des Glaubens

Manfred Röseler

**Bruderhand-Medien**
Wienhausen

# Was bedeutet „Alpha und Omega"?

Jesus Christus sagte von sich: *„Ich bin das Alpha und das Omega, der Anfang und das Ende, der Erste und der Letzte"* (Offenbarung 22,13). Das Alpha (A) ist der erste und das Omega (Ω) der letzte Buchstabe des griechischen Alphabets. Diese zwei Symbole werden in der Bibel gebraucht, um die Erhabenheit von Jesus zu veranschaulichen. In diesem fünfteiligen Kurs geht es um Jesus, da er eine entscheidende Bedeutung für unser Leben hat.

Die Bibelzitate sind, soweit nicht anders vermerkt, der Schlachter-Übersetzung Version 2000 entnommen: Copyright © 2000 Genfer Bibelgesellschaft. Wiedergegeben mit freundlicher Genehmigung. Alle Rechte vorbehalten.

Bibelzitate mit dem Vermerk „NGÜ" entstammen der Neuen Genfer Übersetzung – Neues Testament und Psalmen. Copyright © 2011 Genfer Bibelgesellschaft. Wiedergegeben mit freundlicher Genehmigung. Alle Rechte vorbehalten.

Bilder: Titelbild: © Hui - stock.adobe.com; Seite 5: Photo by NordWood Themes on Unsplash; Seite 6: Photo by Kiwihug on Unsplash; Seite 13: Photo by Green Chameleon on Unsplash; Seite 14: © Wolfilser - stock.adobe.com; Seite 26: © Prazis Images - stock.adobe.com; Seite 38: © peterschreiber.media - stock.adobe.com; Seite 50: © Philip Steury - stock.adobe.com; Seite 62: © Markus Mainka - stock.adobe.com; Seite 74: © cooperr - stock.adobe.com

Bibliografische Information der Deutschen Nationalbibliothek: Die Deutsche Nationalbibliothek verzeichnet diese Publikation in der Nationalbibliografie; detaillierte bibliografische Daten sind im Internet unter http://dnb.dnb.de abrufbar.

© 2024 Missionswerk Bruderhand
Am Hofe 2, 29342 Wienhausen, Deutschland
E-Mail: info@bruderhand.de; Homepage: bruderhand.de

Best.-Nr.: 662522
ISBN: 978-3-944337-10-4

# INHALT

Einführung
Die Bibel: Das Buch der Bücher ....................... 7

Praktische Hinweise
Die Arbeitsweise ..................................... 12

Lektion 1
Eine klare Perspektive ............................... 15

Lektion 2
Unser größtes Problem ............................... 27

Lektion 3
Zukunft und Ewigkeit ................................ 39

Lektion 4
Was Jesus für uns tat ................................ 51

Lektion 5
So wird das Leben neu ............................... 63

Anhang
Mit Jesus leben ...................................... 75

## EINFÜHRUNG

# DIE BIBEL

## DAS BUCH DER BÜCHER

*Herzlich willkommen zu dem Bibelkurs „Alpha und Omega"!*

Bevor wir mit dem Studium der Bibel beginnen, mag es hilfreich sein, in der Einführung etwas über die Bedeutung der Bibel nachzudenken.

**Wussten Sie …**
- warum die Bibel absolut vertrauenswürdig ist?
- warum die Bibel als das Wort Gottes bezeichnet wird?
- warum es sich lohnt, unser Leben an der Bibel zu orientieren?

# I. WAS IST DIE BIBEL

Die Bibel ist eine Sammlung von 66 einzelnen Büchern. Sie wurden in einem Zeitraum von ca. 1.500 Jahren von über 40 verschiedenen Verfassern geschrieben. Die Bibel ist vom Heiligen Geist inspiriert und gibt die Botschaft Gottes an uns Menschen zuverlässig und mit göttlicher Autorität weiter. Darum gilt sie zu Recht als der Maßstab für unsere Beziehung zu Gott.

# II. DIE EINZIGARTIGKEIT DER BIBEL

Wenn wir die Bibel mit anderen literarischen Werken vergleichen, stellen wir fest, dass sie ein einzigartiges Buch ist.

## A. Die Bibel ist einzigartig in ihrer Entstehung

**Die Bibel wurde geschrieben ...**
- über eine Zeitspanne von 1.500 Jahren bzw. mehr als 60 Generationen.
- von mehr als 40 verschiedenen Verfassern aus allen Gesellschaftsbereichen.
- auf zwei Kontinenten (Asien und Europa).
- in drei verschiedenen Sprachen (Hebräisch, Aramäisch und Griechisch)

... und sie bildet dennoch eine wunderbare Einheit!

Diese besondere Einheit der Bibel ist nur möglich, weil Gott die Schreiber der Bibel geleitet hat.

> *Alle Schrift ist von Gott eingegeben [griech.: theopneustos] und nützlich zur Belehrung, zur Überführung, zur Zurechtweisung, zur Erziehung in der Gerechtigkeit. (2. Timotheus 3,16)*

Die Originalmanuskripte der Bibel sind von Menschen geschrieben worden, die vom Heiligen Geist – also von Gott selbst – geleitet wurden. Das Resultat ist, dass jedes Wort der Bibel eine vollkommene, irrtumslose Botschaft Gottes an uns Menschen ist. Darum bezeichnen wir die Bibel auch als das „Wort Gottes".

## B. Die Bibel ist einzigartig in ihrer Überlieferung

Bis zur Erfindung der Druckerpresse wurde die Bibel nur handschriftlich weitergegeben. Dabei wurde sie mit einer so großen Sorgfalt überliefert wie kein anderes Buch.

Es gibt mindestens 15.000 Vergleichshandschriften zur Bibel, mit deren Hilfe Abschreibfehler festgestellt werden können. Kein Text des Altertums kann heute so sicher belegt werden wie der Text der Bibel.

Aufgrund der göttlichen Inspiration und einzigartigen Entstehungsgeschichte dürfen wir die Bibel als absolut vertrauenswürdig betrachten.

## C. Die Bibel ist einzigartig in ihrer Verbreitung

Es gibt kein anderes Buch, das eine so große Verbreitung gefunden hat wie die Bibel. Es wurden auch von keinem anderen Buch so viele Exemplare oder Ausschnitte gedruckt wie von der Bibel.

Die vollständige Bibel wurde bis Februar 2019 in 692 Sprachen übersetzt. Das Neue Testament wurde in weitere 1547 Sprachen übersetzt. Einzelne biblische Schriften sind in weiteren 1.123 Sprachen erschienen. Damit gibt es heute in 3.362 Sprachen mindestens ein Buch der Bibel.

Etwa 5,6 Milliarden Menschen haben Zugang zu den Texten des Alten und Neuen Testaments in ihrer Muttersprache (siehe: https://www.die-bibel.de/spenden/weltbibelhilfe/zahlen-und-fakten).

## D. Die Bibel ist einzigartig in ihrem Einfluss

Die Bibel hat einen großen Einfluss auf unsere Gesetzgebung, Kultur, Literatur, Kunst, soziale Entwicklung und andere Bereiche. Die Grundsätze der Nächstenliebe und der Wertschätzung des einzelnen Menschen gehen ebenfalls auf die Bibel zurück.

Die Bibel hat aber auch einen großen Einfluss auf einen Menschen, der sich auf die Botschaft der Bibel einlässt. Jesus sagte:

> [Jesus:] Wahrlich, wahrlich, ich sage euch: Wer mein Wort hört und dem glaubt, der mich gesandt hat, der hat das ewige Leben und kommt nicht ins Gericht, sondern er ist vom Tode zum Leben hindurchgedrungen. (Johannes 5,24)

Zahlreiche Menschen bestätigen, dass ihr Leben durch Jesus Christus neu geworden ist (vgl. 2. Korinther 5,17).

## E. Die Bibel ist einzigartig in ihrer Botschaft

Die Bibel liefert mehr Material für Predigten, Kommentare, Diskussionen und Kunst als irgendein anderes Buch der Welt.

Die Bibel zeigt uns, wer Gott ist. Sie stellt ihn uns als den Schöpfer dieser Welt vor. Sie spricht über seine Eigenschaften, zu denen Liebe, Heiligkeit und Gerechtigkeit gehören.

Dann spricht die Bibel auch viel über unser Leben. Sie zeigt uns den Plan Gottes für unser Leben. Sie deckt das größte Problem des Menschen auf und zeigt, was Gott getan hat, um uns durch Jesus mit sich zu versöhnen.

# III. DIE EINTEILUNG DER BIBEL

Die Bibel besteht aus zwei Teilen mit insgesamt 66 verschiedenen Büchern:

- Altes Testament (AT):   39 Bücher
- Neues Testament (NT): 27 Bücher

Die meisten Bücher der Bibel sind in mehrere Kapitel unterteilt und diese wiederum in Verse. Die Schreibweise „1. Johannes 3,16" bedeutet daher: der erste Brief des Johannes, Kapitel 3, Vers 16.

| DIE BÜCHER DER BIBEL ||||||
|---|---|---|---|---|---|
| **Das Alte Testament** ||| **Das Neue Testament** |||
| Geschichtsbücher | Lehrbücher | Prophetische Bücher | Geschichtsbücher | Lehrbücher | Prophetisches Buch |
| 1. Mose<br>2. Mose<br>3. Mose<br>4. Mose<br>5. Mose<br><br>Josua<br>Richter<br>Ruth<br>1. Samuel<br>2. Samuel<br>1. Könige<br>2. Könige<br>1. Chronik<br>2. Chronik<br>Esra<br>Nehemia<br>Esther | Hiob<br>Psalmen<br>Sprüche<br>Prediger<br>Hohelied | Jesaja<br>Jeremia<br>Klagelieder<br>Hesekiel<br>Daniel<br><br>Hosea<br>Joel<br>Amos<br>Obadja<br>Jona<br>Micha<br>Nahum<br>Habakuk<br>Zephanja<br>Haggai<br>Sacharja<br>Maleachi | Matthäus<br>Markus<br>Lukas<br>Johannes<br>Apostelgeschichte | Römer<br>1. u. 2. Korinther<br>Galater<br>Epheser<br>Philipper<br>Kolosser<br>1. u. 2. Thessalonicher<br>1. u. 2. Timotheus<br>Titus<br>Philemon<br>1. u. 2. Petrus<br>1. bis. 3. Johannes<br>Hebräer<br>Jakobus<br>Judas | Offenbarung |

PRAKTISCHE HINWEISE

# DIE ARBEITSWEISE

Sie können diesen Bibelgrundkurs entweder im Selbststudium oder mit anderen zusammen in einer Gruppe durcharbeiten.

## Selbststudium

Möchten Sie diesen Bibelkurs im Selbststudium durcharbeiten? Dann lesen Sie bitte die Erklärungen zu dem jeweiligen Thema in diesem Buch durch. Bearbeiten Sie anschließend die dazugehörigen Aktivitäten. In jeder Lektion gibt es 7 oder 8 sogenannte „Aktivitäten". Bei einigen Aktivitäten werden Sie lediglich nach Ihrem eigenen Standpunkt gefragt. Bei den meisten Aktivitäten werden Sie allerdings aufgefordert, die Antworten auf die gestellten Fragen in der Bibel zu suchen. Schlagen Sie dafür die angegebenen Bibelstellen in Ihrer Bibel nach. Die Aussagen, die Sie dort finden, ermöglichen es Ihnen, die Fragen zu beantworten.

Als Herausgeber dieses Bibelkurses unterstützen wir Sie gern bei Ihrem Bibelstudium. Nachdem Sie alle fünf Lektionen durchgearbeitet haben, senden Sie bitte das ganze Buch zur Durchsicht an:

> Bruderhand-Medien
> Am Hofe 2, 29342 Wienhausen
> Deutschland

Jemand aus unserem Team wird Ihre Arbeit durchsehen und evtl. einiges kommentieren, falls ihm dies nötig erscheint. Sie haben auch die Möglichkeit, uns Ihre Fragen zu stellen. Anschließend erhalten Sie diesen Bibelkurs von uns zurück, zusammen mit einem Zertifikat als Anerkennung für Ihre Arbeit. Bitte vergessen Sie nicht, Ihre Adresse auf Seite 79 einzutragen.

Möchten Sie Ihre Ausarbeitung gern eigenständig mit den Antworten des Autors vergleichen? Das ist auch möglich. Laden Sie dafür die Antworten einfach über *bruderhand.de/antworten* herunter.

## Gruppenstudium

Wenn Sie die Möglichkeit haben, diesen Bibelkurs in einer Gruppe zusammen mit anderen Interessierten durchzuarbeiten, dann ist dies zu bevorzugen. In der Gruppe können Sie die Aktivitäten gemeinsam bearbeiten und über Ihre Fragen sprechen, die sich aus dem Thema ergeben.

## LEKTION 1

# EINE KLARE PERSPEKTIVE

## DAS LEBEN SINNVOLL GESTALTEN

Ohne Hoffnung auf ein sinnerfülltes Leben und ohne eine Perspektive für die Zukunft kann niemand leben. Jeder Mensch braucht Ziele und Wünsche, die seinem Leben eine Richtung geben.

▶ **Aktivität 1:** Bitte denken Sie darüber nach, welche großen Ziele Ihnen besonders wichtig sind. Sie haben hier die Möglichkeit, Ihre Antwort zu notieren.

_____

_____

_____

_____

Manche meinen, das Leben mit Gott sei eintönig und langweilig. Darum fragen sie nicht danach, was Gottes Plan für ihr Leben ist.

Wenn aber ein Mensch Jesus in sein Leben hineinlässt, bekommt er eine neue, lohnenswerte Perspektive für sein Leben.

# I. WARUM BRAUCHEN WIR GOTTES PERSPEKTIVE?

## A. Wir sind allein unfähig, unser Leben sinnvoll zu gestalten

Wir wollen normalerweise unser Leben selbst gestalten und meinen, dass wir dazu in der Lage sind. Der Prophet Jeremia sah das ganz anders. Er sagte:

> *Ich weiß, HERR, dass der Weg des Menschen nicht in seiner Macht steht, dass der Mann, wenn er geht, seine Schritte nicht lenken kann. (Jeremia 10,23)*

Es ist weit gefehlt zu meinen, dass wir unser Leben eigenständig sinnvoll gestalten können. Wir machen viele Pläne, doch ob sie ausgeführt werden können, liegt nicht in unserer Macht (vgl. Sprüche 16,9; Psalm 33,10-11).

▶ **Aktivität 2:** Wie beschreibt die Bibel das Leben der Menschen, die ihr Leben ohne Gott gestalten wollen? Lesen Sie dazu Jesaja 53,6!

_____

_____

_____

## B. Gottes Plan für unser Leben ist gut

Manch einer denkt, dass Gott an uns kein besonderes Interesse hat. Doch genau das Gegenteil ist der Fall. Gott ist an unserem Wohlergehen interessiert. Selbst, wenn wir durch große Schwierigkeiten gehen, dürfen wir wissen, dass Gott sie alle kennt und uns beisteht. Er lenkt für diejenigen, die ihn lieben, jede Situation so, dass sie ihnen zum Besten dient (vgl. Römer 8,28).

▶ **Aktivität 3:** Was erfahren wir aus Jeremia 29,11 über den Plan Gottes für unser Leben? Was möchte er uns alles schenken?

_____

_____

_____

_____

Gott hat gute Pläne für unser Leben. Wenn wir sie nicht kennen, leben wir an der eigentlichen Bestimmung und dem eigentlichen Ziel unseres Lebens vorbei.

Schon bevor wir geboren waren, machte sich Gott über unser Leben Gedanken:

> *Deine [Gottes] Augen sahen mich schon als ungeformten Keim, und in dein Buch waren geschrieben alle Tage, die noch werden sollten, als noch keiner von ihnen war. (Psalm 139,16)*

# II. WORIN BESTEHT GOTTES PLAN FÜR UNSER LEBEN?

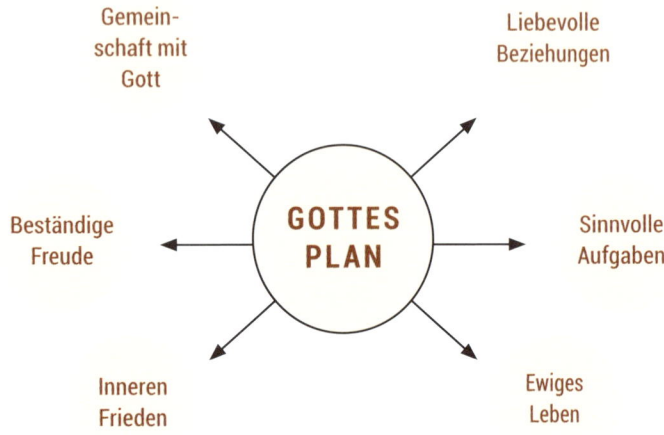

## A. Gemeinschaft mit Gott

Gott hat uns erschaffen, weil er Gemeinschaft mit uns haben möchte. Gleichzeitig benötigen auch wir eine Beziehung zu Gott, um ein erfülltes Leben zu haben.

Die ersten Menschen – Adam und Eva – hatten eine persönliche Beziehung zu Gott. Wir lesen davon schon auf den ersten Seiten der Bibel. Gott kam immer wieder in den Garten Eden, um mit Adam und Eva zu sprechen. Diese Beziehung zu Gott zerbrach, als die Menschen gegen Gott rebellierten. Diese Auflehnung gegen Gott, auch Sünde genannt, steht heute wie eine Scheidewand zwischen Gott und uns (vgl. Jesaja 59,1-2).

▶ **Aktivität 4**: Wie können wir uns eine Beziehung zu Gott vorstellen? Was verändert sich in unserem Leben durch diese Beziehung? Lesen Sie dazu 1. Petrus 2,25!

_____

_____

_____

_____

## B. Liebevolle Beziehungen

Jeder Mensch sehnt sich nach Gemeinschaft und nach intakten, liebevollen Beziehungen mit anderen Menschen. Dennoch nimmt die Einsamkeit der Menschen ständig zu. Michael Green schrieb: „Heutzutage fällt uns der Umgang mit Dingen oft leichter als der Umgang mit Menschen. Menschen sind ja so unberechenbar!"

Gottes Wille für uns ist, dass unsere Beziehungen zu anderen Menschen von Liebe gekennzeichnet sind.

▶ **Aktivität 5**: Welche Anweisung gab uns Jesus im Blick auf unseren Umgang miteinander? Lesen Sie dazu Johannes 13,34!

_____

_____

_____

_____

Der beste Experte für zwischenmenschliche Beziehungen ist Jesus selbst. Er will uns mit Liebe beschenken und uns dazu befähigen, dass wir andere mit ihren Fehlern annehmen können (Römer 15,7; Kolosser 3,13).

> *... denn die Liebe Gottes ist ausgegossen in unsere Herzen durch den Heiligen Geist, der uns gegeben worden ist. (Römer 5,5)*

**Wo finden wir diese Gemeinschaft?**
Liebevolle Gemeinschaft ist dort zu finden, wo Menschen eine enge Beziehung zu Gott haben. Selbst gescheiterte Ehen können geheilt werden, wenn beide Partner Jesus in die Mitte ihres Lebens hineinnehmen. Unsere Häuser können zu Plätzen werden, an denen andere sich wohl fühlen. Verfeindete Menschen können anfangen, einander zu lieben, wenn Gottes Liebe ihre Herzen erfüllt.

## C. Beständige Freude

Viele meinen, dass sie dann glücklich sein werden, wenn sie viel Geld besitzen, eine Familie haben und angesehen sind. Sie übersehen dabei, dass diese Art von Freude nicht von Dauer, sondern nur vorübergehend ist.

Die Freude aber, die Gott uns schenken möchte, ist unabhängig von allen äußeren Umständen. Der Apostel Paulus ist dafür ein Beispiel. Er freute sich sogar, als er zu Unrecht im Gefängnis saß und sang dort Loblieder. Während seiner Gefangenschaft schrieb er:

> *„Freut euch im Herrn allezeit; abermals sage ich: Freut euch!" (Philipper 4,4)*

Als die Jünger Jesu von einer Missionsreise zurückkamen, erzählten sie überglücklich von ihren Erfahrungen. Jesus hörte ihnen zu und wies sie dann auf eine Freude hin, die über diese Erfahrungen noch weit hinausgeht.

▶ **Aktivität 6:** Worüber können sich die Jünger Jesu immer und von ganzem Herzen freuen? Lesen Sie dazu Lukas 10,20!

_____

_____

_____

_____

Im sogenannten „Buch des Lebens", das Gott führt, stehen die Namen derjenigen, die durch Jesus Christus gerettet wurden. Diese Menschen wissen, dass sie einmal im Himmel sein werden (vgl. Philipper 4,3; Offenbarung 20,12-15). Die Freude über diese Gewissheit ist weitaus größer, als jede Freude über irdische Dinge.

## D. Sinnvolle Aufgaben

Viele Menschen lassen sich durchs Leben treiben. Sie gehen zur Schule, arbeiten und verdienen Geld, weil das alles zu den normalen Abläufen im Leben gehört. Den wirklichen Sinn ihres Lebens kennen sie nicht. Gott möchte, dass wir einen Sinn und ein Ziel für unser Leben haben.

Ist es nicht sinnvoll, dass wir unsere Kraft für das höchste Ziel einsetzen, das es überhaupt gibt?

**Dieses Ziel besteht darin, ganz für Gott – den ewigen König – da zu sein, ihn zu ehren und ihn durch unser Leben zu verherrlichen.**

Genau darin liegt die Bestimmung unseres Lebens (vgl. Epheser 1,5-6; Epheser 1,12).

▶ **Aktivität 7:** Welches von den vielen möglichen Zielen im Leben soll für uns an allererster Stelle stehen? Lesen Sie dazu Matthäus 6,33!

_____

_____

_____

_____

Wie die Arbeit an diesem Ziel praktisch umgesetzt werden kann, sieht für jeden Christen anders aus. Einer möchte sich mehr mit seinen praktischen Begabungen (musikalisch, handwerklich usw.) einbringen, während ein anderer seine Aufgaben mehr im Gebet oder in der Verkündigung des Evangeliums sieht. Alle, die sich daran beteiligen, dürfen wissen, dass ihr Einsatz nicht vergeblich ist, sondern eine ewige Bedeutung hat (vgl. 1. Korinther 15,58).

## E. Inneren Frieden

Wie sehr benötigen wir doch eine innere Ruhe und echten Frieden in unseren Herzen. Diesen Frieden bekommen wir, wenn unsere Beziehung mit Gott in Ordnung ist. Jesus Christus kann uns diesen Frieden geben.

Jesus hat das größte Problem unseres Lebens – die Sünde – gelöst (vgl. Jesaja 59,1-2; Römer 3,23). Wenn er uns unsere Sünden vergibt, wird die „Scheidewand" zwischen Gott und uns entfernt.

▶ **Aktivität 8:** Was passierte mit unserer Schuld, als Jesus am Kreuz auf Golgatha starb? Lesen Sie dazu Kolosser 2,14 und 1. Petrus 2,24!

_____

_____

_____

_____

Christen wissen außerdem, dass Gott ihnen nahe ist. Das gibt ihnen Sicherheit. Kein Schicksalsschlag kann ihnen ihren inneren Frieden rauben (vgl. Philipper 4,7).

## F. Ewiges Leben

Menschen, die an Jesus glauben, wissen, dass sie ewiges Leben haben. Gott hat ihnen ihre Sünden vergeben und sie zu Kindern Gottes gemacht. Sie werden nach dem Tod einmal in der ewigen Herrlichkeit bei Gott sein.

> *Wer den Sohn hat, der hat das Leben; wer den Sohn Gottes nicht hat, der hat das Leben nicht. Dies habe ich euch geschrieben, die ihr glaubt an den Namen des Sohnes Gottes, damit ihr wisst, dass ihr ewiges Leben habt, und damit ihr [auch weiterhin] an den Namen des Sohnes Gottes glaubt. (1. Johannes 5,12-13)*

# III. WIE BEKOMMEN WIR DIESE PERSPEKTIVE?

Eine sinnvolle Perspektive für unser Leben kann uns nur Jesus Christus, der Sohn Gottes, geben.

Möchten Sie ein Leben mit Jesus beginnen? Wenn ja, dann laden Sie Jesus Christus ein, in Ihr Leben zu kommen.

**Welcher der beiden folgenden Kreise stellt Ihr Leben dar?**

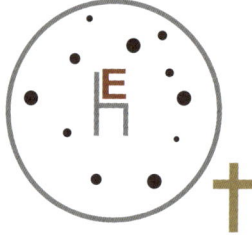 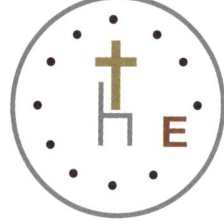

**Das Leben ohne Jesus**
Der unbekehrte Mensch

**Das Leben mit Jesus**
Der bekehrte Mensch

E  Das E steht symbolisch für unser Ego, also für unser Ich. Bei einer Person, die ohne Jesus lebt, ist sein Ego im Zentrum seines Lebens. Er bestimmt sein Leben selbst. Bei einer Person, die mit Jesus lebt, befindet sich Jesus im Zentrum seines Lebens.

h  Der Stuhl steht symbolisch für den Thron unseres Lebens. Die entscheidende Frage ist, wer sich auf dem Thron unseres Lebens befindet. Ist es Jesus oder bin ich es selbst?

† Das Kreuz steht symbolisch für Jesus. Bei einer Person, die ohne Jesus lebt, ist Jesus außerhalb seines Lebens. Bei einer Person, die mit Jesus lebt, befindet sich Jesus im Zentrum seines Lebens.

• Die Punkte stehen für unsere verschiedenen Lebensbereiche. Bei einem Menschen, der ohne Jesus lebt, erscheinen diese eher ungeordnet. Bei einem Menschen, der mit Jesus lebt, bringt Jesus eine schöne Ordnung in die verschiedenen Bereiche seines Lebens hinein.

Das Leben mit Gott beginnt mit einer persönlichen Entscheidung für Jesus Christus. Die Bibel gebraucht dafür das Wort „Bekehrung".

*So tut nun Buße und bekehrt euch, dass eure Sünden ausgetilgt werden, damit Zeiten der Erquickung vom Angesicht des Herrn kommen. (Apostelgeschichte 3,19)*

Bekehrung bedeutet vom Wort her „Umkehr". Dabei wendet sich der Mensch von seinem Leben in der Sünde ab und vertraut anschließend sein Leben Jesus Christus an, um ab jetzt mit ihm zu leben (vgl. Johannes 1,12). Dies kann in einem persönlichen Gebet zum Ausdruck gebracht werden. Gott vergibt daraufhin einem Menschen seine ganze Schuld, nimmt ihn als sein Kind an und schenkt ihm das ewige Leben.

Eine ausführliche Erklärung, wie Sie eine persönliche Beziehung zu Jesus beginnen können, finden Sie in der fünften Lektion.

LEKTION 2

# UNSER GRÖSSTES PROBLEM

Einerseits leben wir in der besten aller Zeiten. Es gibt viele Errungenschaften, die vor einigen Jahrhunderten noch undenkbar waren, doch heute unser Leben bereichern. Denken wir nur an die Leichtigkeit, mit der wir kommunizieren oder reisen können.

## I. PROBLEME UNSERER ZEIT

Anderseits leben wir in der schlimmsten aller Zeiten. Zu Beginn des 20. Jahrhunderts glaubten viele, dass ein goldenes Zeitalter des Friedens und des Wohlstandes anbrechen werde. Doch im Jahre 1914 läuteten in ganz Europa die Glocken den Krieg ein und schon nach 25 Jahren den nächsten. Heute scheinen die Menschen nicht mehr über eine rosige Zukunft zu reden.

Die Welt taumelt von einer Krise in die andere und niemand scheint fähig zu sein, die Richtung zu ändern. Die Komplexität internationaler und nationaler Probleme lässt manchen Beobachter zu dem Schluss kommen, dass wir in den kritischsten und gefährlichsten Jahren der Menschheitsgeschichte leben.

▶ **Aktivität 1:** Gibt es eine Katastrophe oder Krise, die Sie persönlich getroffen hat? Mit welchen besonderen Problemen müssen wir uns auseinandersetzen?

_____

_____

_____

_____

# II. DIE VORGESCHICHTE VON UNSEREN PROBLEMEN

Die Probleme unserer Zeit haben eine lange Vorgeschichte. Sie beginnen mit dem sogenannten „Sündenfall", einer Tragödie ersten Ranges. Sie ereignete sich bereits kurz nach der Erschaffung des Menschen. Unsere heutigen Probleme sind eine direkte Auswirkung dieser Katastrophe.

Am Anfang der Bibel lesen wir von der Erschaffung des Menschen. Die ersten Menschen, die direkt aus der Schöpferhand Gottes hervorgingen, waren Adam und Eva. Gott erschuf sie zu seinem Ebenbild und gab ihnen damit eine besondere Stellung und Würde (1. Mose 1,27). Sie lebten in dem wunderschönen Garten Eden. **Alle Voraussetzungen für ein glückliches und sinnerfülltes Leben waren damit vorhanden.**

- Die ersten Menschen waren gewissermaßen Partner Gottes und lebten in Harmonie mit ihm. Sie hatten Gemeinschaft mit Gott.

- Sie hatten sinnvolle Aufgaben.
- Sie lebten in einer vollkommenen Umwelt.
- Sie konnten ihre eigenen Entscheidungen treffen.

In 1. Mose 3,1-24 finden wir den Bericht vom Sündenfall, eine Tragödie, die nicht hätte passieren müssen. Satan kam in Gestalt einer Schlange in den Garten Eden und verführte Eva dazu, den Geboten Gottes ungehorsam zu sein. Er stiftete sie an, von der Frucht eines bestimmten Baumes zu essen, was Gott ausdrücklich verboten hatte (1. Mose 2,16-17).

▶ **Aktivität 2:** Wie ging der Satan vor, um Eva zur Sünde zu verführen? Lesen Sie dazu 1. Mose 3,1-5!

_____

_____

_____

_____

Adam und Eva hörten nicht auf Gott. Sie ließen sich auf die betrügerischen Worte Satans ein und aßen von der verbotenen Frucht. Sie übertraten Gottes Gebot und sündigten damit.

**Was brachten Adam und Eva mit ihrem Ungehorsam zum Ausdruck?**

- Sie brachten ihre Undankbarkeit und rebellische Herzenshaltung Gott gegenüber zum Ausdruck.
- Ihnen genügte es nicht, Ebenbild und Partner Gottes zu sein; sie wollten wie Gott sein. Damit lehnten sie sich gegen Gott auf.

# III. DIE AUSWIRKUNGEN DES SÜNDENFALLS

Die Auswirkungen des Sündenfalls sind so gravierend, dass sie jeden Einzelnen von uns betreffen.

## A. Wir sind schuldig vor Gott

Die ersten Menschen missachteten Gottes Ordnungen und verunreinigten damit die Wiege der Menschheit. Seitdem wird jeder Mensch in ein „verunreinigtes Nest" hineingeboren.

Seit dem Sündenfall gibt es keinen Menschen mehr, der frei von Ungerechtigkeit ist. Für diese Schuld gebraucht die Bibel den Begriff „Sünde".

**Wie kann die Sünde bildlich erklärt werden?**

**Sünde ist wie ...**

- wie eine bindende Fessel (Sprüche 5,22).
- wie eine Krankheit (Jesaja 1,4-6).
- wie das Abirren vom Weg (Jesaja 53,6).
- wie das Übertreten einer Grenze (Römer 5,14).

▶ **Aktivität 3**: Welche Auswirkungen hatte der Sündenfall auf die Menschheit? Lesen Sie dazu Römer 5,12!

_____

_____

_____

_____

**Was bedeutet der Begriff „Sünde"?**

- Mit dem Begriff „Sünde" kann eine bestimmte Unrechtstat oder ein Fehlverhalten Gott gegenüber gemeint sein.
- Sünde beschreibt aber auch eine Grundhaltung, nämlich die Absage des Menschen an Gott. Sünde drückt sich in der Rebellion ihm gegenüber aus.
- Sünde ist Selbstüberhebung (Jesaja 14,13-14).
- Sünde ist Feindschaft gegen Gott (Römer 5,10).
- Sünde ist Gesetzlosigkeit (1. Johannes 3,4).

Jeder von uns ist aufgrund seiner persönlichen Sünde ebenfalls vor Gott schuldig. Somit stehen auch wir unter dem Zorn Gottes und haben den Tod verdient.

▶ **Aktivität 4**: Nennen Sie einige Unrechtstaten, die in der Bibel klar als Sünde bezeichnet werden. Lesen Sie dazu Markus 7,21-23!

_____

_____

_____

Viele Menschen wollen nicht wahrhaben, dass sie Sünder sind. Sie sagen sich: „*So schlecht bin ich ja nun auch nicht.*" Hier müssen wir bedenken, dass Gott unser Leben nicht an unseren Wertvorstellungen misst, sondern an seinen Ordnungen.

> *Denn alle haben gesündigt, und in ihrem Leben kommt Gottes Herrlichkeit nicht mehr zum Ausdruck. (Römer 3,23, NGÜ)*

▶ **Aktivität 5:** Worin besteht die größte Sünde, die es gibt? Lesen Sie dazu Johannes 16,9!

_____

_____

_____

_____

## B. Wir sind getrennt von Gott

Eine Auswirkung des Sündenfalls besteht in der gestörten Beziehung zwischen Gott und den Menschen.

Diese Trennung von Gott wird in dem Bericht über Adam und Eva sehr anschaulich gemacht. Gleich, nachdem sie gesündigt hatten, schämten sie sich und fürchteten sich vor Gott. Der Grund ihrer Furcht war offensichtlich. Sie wussten genau, dass sie falsch gehandelt hatten (vgl. 1. Mose 3,8-10).

## Skizze über die Trennung des Menschen von Gott

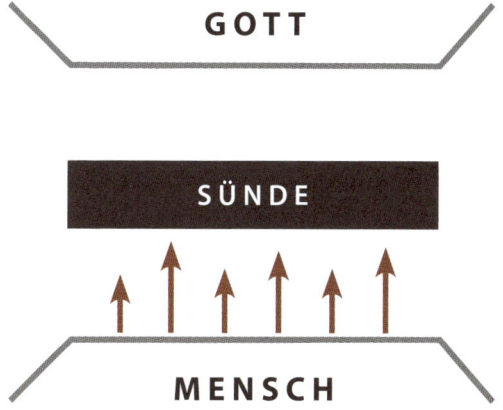

Ganz oben auf dieser Skizze steht „**Gott**". In der Bibel lesen wir, dass Gott ein Gott der Liebe ist. Es gibt keinen Menschen auf dieser Erde, den Gott nicht liebt. Gott ist ewig und für uns unsichtbar. Doch er ist auch heilig und gerecht.

Unten auf der Skizze steht „**Mensch**". Gott hat den Menschen mit einer wunderbaren Absicht erschaffen. Er wollte enge Gemeinschaft mit ihm haben. Er hatte von Anfang an gute Gedanken und Pläne für unser Leben.

Doch wir lesen in der Bibel, dass die ersten Menschen **sündigten** und sich von Gott abwandten. Sie wollten ihr Leben nach ihrem eigenen Willen – also ohne Gott – führen. Dadurch ist ihre Gemeinschaft mit Gott zerbrochen. Weil Gott heilig und gerecht ist, kann er keine Sünde dulden.

Die **Sünde** wurde somit zu einer **Barriere** zwischen Gott und den Menschen (hier als schwarzes Rechteck dargestellt). Auch in unserer Zeit sündigen die Menschen weiter gegen Gott. In einem solchen Zustand können sie niemals Gemeinschaft mit Gott haben.

Tief in ihren Herzen wissen die **Menschen** (hier als **Pfeile** dargestellt), dass ihre Beziehung zu Gott nicht in Ordnung ist. Sie versuchen die Barriere zu Gott irgendwie zu überwinden. Manche üben sich in **guten Werken** oder einem **religiösen Lebensstil**. Doch ihre Schuld trennt sie von Gott. Ihre Bemühungen, eine Beziehung zu Gott wiederherzustellen, sind alle zum Scheitern verurteilt.

▶ **Aktivität 6:** Was bewirkt gemäß Jesaja 59,1-2 die Sünde in unserem Leben?

_____

_____

_____

_____

Aufgrund der zerstörten Beziehung zwischen Gott und den Menschen ist das Gebet für viele oft kein wirkliches Reden mit Gott. Das Gebet wird zu einer äußeren Form. Es erreicht Gott nicht. Menschen gewinnen den Eindruck, dass Gott sie nicht hört.

## C. Uns erwartet der Tod

Vor dem Sündenfall schärfte Gott Adam ein:

> *Von jedem Baum des Gartens darfst du nach Belieben essen; aber von dem Baum der Erkenntnis des Guten und des Bösen sollst du nicht essen; denn an dem Tag, da du davon isst, musst du gewisslich sterben! (1. Mose 2,16-17)*

Die ersten Menschen hörten nicht auf Gottes Warnung und übertraten sein Gebot. Aufgrund dieser Sünde kam der Tod in die Welt, sowohl körperlich als auch geistlich.

**Worin besteht der Unterschied zwischen dem körperlichen Tod und dem geistlichen Tod?**

- **Der körperliche Tod** beendet abrupt das irdische Leben eines Menschen. Er bringt Leid und Trauer mit sich. Die Bibel lehrt, dass unser Leben

mit dem Tod aber nicht zu Ende ist, sondern es folgt die Ewigkeit.
- **Der geistliche Tod** beendet die Beziehung des Menschen zu Gott (vgl. Römer 6,23; Epheser 2,1). Seit dem Sündenfall ist jeder Mensch, der ohne Gott lebt, in geistlicher Hinsicht tot und somit von Gott getrennt.

▶ **Aktivität 7**: Wie können wir uns den Zustand „geistlich tot" vorstellen? Welche Erklärung finden wir dafür in der Bibel? Lesen Sie dazu Epheser 2,12!

_____

_____

_____

_____

# IV. UNSER EIGENTLICHES DILEMMA

Unsere größten Probleme sind nicht eine unglückliche Kindheit, finanzielle Schwierigkeiten, Krankheiten oder schwierige Umstände, unter denen wir leben. Unser größtes Problem steckt in uns selbst. Es ist unsere Sündhaftigkeit, da sie uns auf ewig von Gott trennt.

Um dieses Problem klar zu verstehen, benötigen wir ein bestimmtes „Instrument". Das ist unser Gewissen. Unser Gewissen überführt uns von dem Unrecht, das wir begangen haben.

▶ **Aktivität 8:** Wie reagiert unser Gewissen im Blick auf richtiges oder falsches Handeln? Lesen Sie dazu Römer 2,15!

# V. GOTTES LÖSUNG FÜR DAS GRÖSSTE PROBLEM

Gott weiß um das Dilemma unserer Sünde. Doch er hat uns damit nicht allein gelassen, sondern hält eine Lösung bereit.

Bereits im Alten Testament kündigte Gott an, dass er uns einen Retter senden wird (z.B. in Jesaja 53,5). Dieser Retter ist Jesus Christus, Gottes Sohn. Von ihm heißt es:

> *Sie [Maria] wird aber einen Sohn gebären, und du [Joseph] sollst ihm den Namen Jesus geben, denn er wird sein Volk erretten von ihren Sünden. (Matthäus 1,21)*

Mit seinem Sterben am Kreuz löste Jesus das Problem der Sünde. Er nahm unsere Sünden und unsere Strafe stellvertretend auf sich (vgl. 2. Korinther 5,19-21). Damit wird aber niemand automatisch von seiner Sünde befreit. Das Geschenk der Vergebung wird erst dann unser Eigentum, wenn wir es auch annehmen.

**Fortsetzung der Skizze über die Trennung des Menschen von Gott**

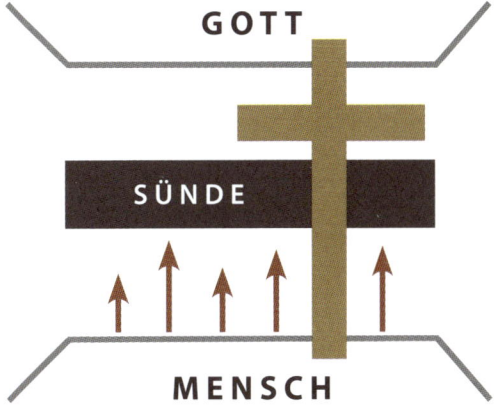

Gott möchte nicht, dass Menschen für ewig von ihm getrennt sind. Aus diesem Grund wurde er Mensch. **Gott kam in Jesus Christus in diese Welt**. Er lebte unter uns. In dieser Zeit lehrte er über das Reich Gottes und tat viele Wunder. Doch der Hauptgrund, warum Jesus auf diese Erde kam, bestand darin, den Weg zu Gott für uns zu bereiten. Als er am **Kreuz** starb, nahm er die Strafe für unsere Schuld stellvertretend auf sich. Gott nahm dieses Opfer an und erweckte Jesus nach drei Tagen von den Toten. Jetzt ist er im Himmel und er ist in der Lage, uns alle unsere Sünden zu vergeben. Jesus kann die Trennung zwischen Gott und uns überwinden und uns Frieden mit Gott schenken.

In Johannes 3,16 lesen wir: *„Denn so [sehr] hat Gott die Welt geliebt, dass er seinen eingeborenen Sohn gab, damit jeder, der an ihn glaubt, nicht verlorengeht, sondern ewiges Leben hat."*

Möchten Sie Frieden mit Gott und ewiges Leben haben? In Johannes 1,12 heißt es: *„Allen aber, die ihn [Jesus] aufnahmen, denen gab er das Anrecht, Kinder Gottes zu werden, denen, die an seinen Namen glauben."* Hier sehen wir, was ein Mensch tun muss, um ein Kind Gottes zu werden. Er muss Jesus als Herr in sein Leben aufnehmen und an ihn glauben.

Wenden Sie sich in einem Gebet an Jesus Christus. Bitten Sie ihn um die Vergebung Ihrer Sünden und laden Sie ihn ein, die Führung Ihres weiteren Lebens zu übernehmen.

LEKTION 3

# ZUKUNFT UND EWIGKEIT

## WAS ERWARTET UNS NACH DEM TOD?

Unser Leben ist begrenzt, denn zum Leben gehört unausweichlich auch der Tod. Den Termin für unser Sterben kennen wir nicht. Wir können ihn darum auch nicht verschieben oder absagen wie so viele andere Termine.

▶ **Aktivität 1:** Welche Auswirkung hat die Tatsache, dass Sie einmal sterben müssen, auf Ihr jetziges Leben? Markieren Sie bitte Ihre Antworten!

☐ Ich kümmere mich nicht um den Tod.

☐ Ich bereite mich schon jetzt auf das Leben nach dem Tod vor.

☐ Ich habe Angst vor dem Tod.

☐ Ich bin getrost, weil ich weiß, was mich danach erwartet.

# I. MEINUNGEN ÜBER DEN TOD

Die Ansichten über den Tod und das Leben danach gehen weit auseinander. Einige Meinungen sollen im Folgenden kurz betrachtet werden.

## A. Das größte Missgeschick

Viele Menschen halten den Tod für das größte Missgeschick, das einem Menschen passieren kann. Zukunftspläne können nicht mehr verwirklicht werden. Der Mensch kann nicht mehr genießen, was er besitzt, denn der Tod beendet schlagartig alle Aktivitäten eines Menschen.

▶ **Aktivität 2:** Weshalb braucht ein Christ den Tod nicht als ein Missgeschick ansehen? Lesen Sie dazu Johannes 14,2-3!

_____

_____

_____

_____

## B. Ein Schritt ins Unbekannte

Mit dem Sterben ist die Frage verbunden: „Was kommt danach?" Jeder Mensch hat eine gewisse Ahnung davon, dass mit dem Sterben nicht alles aus ist. Er fürchtet sich sogar vor dem Gedanken, dass Gott von ihm Rechenschaft fordern könnte, denn darauf ist er nicht vorbereitet. Aufgrund dieser Ungewissheit entsteht die Angst vor dem Tod.

Viele Menschen möchten mit dem Tod möglichst wenig konfrontiert werden und fürchten sich sogar, über dieses Thema zu reden. Wenn sie dann aber doch übers Sterben sprechen, dann oft nur mit ängstlichen und nichts sagenden Worten. Den natürlichen Verfall ihres Körpers versuchen sie mit Kosmetik zu verschleiern. Für unsere Gesellschaft ist dieses Thema weithin tabu.

## C. Das Ende der Existenz

Andere vertreten die Ansicht, dass das Leben mit dem Sterben zu Ende ist und dass nach dem Tod nichts mehr kommt. Auch Paulus setzte sich mit diesen Überlegungen auseinander.

▶ **Aktivität 3**: Wie wirkt sich der Glaube, dass es keine Auferstehung von den Toten gibt, auf das Leben von Menschen aus? Lesen Sie dazu 1. Korinther 15,32!

_____

_____

_____

_____

Sollte es stimmen, dass es keine Auferstehung gibt, dann ist der Glaube an Jesus vergeblich. Doch es gibt gute Gründe dafür, an die Auferstehung zu glauben. Das stärkste Argument ist die Tatsache, dass Jesus selbst von den Toten auferstanden ist.

> *Wenn aber Christus verkündigt wird, dass er aus den Toten auferstanden ist, wieso sagen denn etliche unter euch, es gebe keine Auferstehung der Toten? Wenn es wirklich keine Auferstehung der Toten gibt, so ist auch Christus nicht auferstanden! Wenn aber Christus nicht auferstanden ist, so ist unsere Verkündigung vergeblich, und vergeblich auch euer Glaube! (1. Korinther 15,12-14)*

Wer die Auffassung vertritt, dass der Tod das Ende der Existenz ist, sollte Folgendes bedenken:

- Es gibt keine Beweise dafür, dass nach diesem Leben nichts mehr kommt. Die Wahrscheinlichkeit, dass Gott existiert und uns einmal vor Gericht stellen wird, beträgt selbst für den Atheisten 50:50. In keinem anderen Lebensbereich (z.B. bei einer bevorstehenden Flugreise) würden wir uns mit einem so großen Risiko zufriedengeben. Der Glaube, dass mit dem Tod alles aus ist, ist somit ein „Spiel mit dem Feuer".

- Jeder Mensch besitzt ein inneres Wissen über die Ewigkeit. Die Bibel lehrt in Prediger 3,11, dass Gott dem Menschen die Ewigkeit ins Herz gelegt hat.

  > *Er [Gott] hat alles vortrefflich gemacht zu seiner Zeit, auch die Ewigkeit hat er ihnen ins Herz gelegt – nur dass der Mensch das Werk, das Gott getan hat, nicht von Anfang bis zu Ende ergründen kann. (Prediger 3,11)*

- Wir müssen bedenken, dass es jemanden gibt, der tot war und wieder ins Leben zurückkehrte. Das ist Jesus Christus. Er starb am Kreuz und ist nach drei Tagen von den Toten auferstanden. Das ist ein klarer Beweis dafür, dass der Tod nicht das letzte Wort hat.

# II. WAS ERWARTET UNS NACH DEM TOD?

Die Überzeugung der Christen unterscheidet sich ganz grundlegend von den zuvor genannten Ansichten. Demnach bedeutet der Tod nicht das Ende der Existenz. Das Leben geht weiter. Es gibt eine Auferstehung von den Toten, ein Gericht und ein ewiges Leben.

## A. Auferstehung

Mit dem Tod wird das Leben auf der Erde abrupt beendet. Die Organtätigkeit hört auf und der Körper vergeht. Unser Leib dient gemäß der Bibel als „Samenkorn" für den neuen geistlichen Leib, den wir empfangen sollen:

> *So ist es auch mit der Auferstehung der Toten: Es wird gesät in Verweslichkeit und auferweckt in Unverweslichkeit; es wird gesät in Unehre und wird auferweckt in Herrlichkeit; es wird gesät in Schwachheit und wird auferweckt in Kraft. (1. Korinther 15,42-43)*

▶ **Aktivität 4:** Die Bibel lehrt, dass wir nach dem Tod auferstehen werden. Welche zwei Gruppen werden bei der Auferstehung unterschieden? Lesen Sie dazu Johannes 5,29!

_____

_____

_____

_____

Christen freuen sich auf das Leben nach dem Tod, weil dann eine bessere Heimat auf sie wartet.

> *Unser Bürgerrecht aber ist im Himmel, von woher wir auch den Herrn Jesus Christus erwarten als den Retter, der unseren Leib der Niedrigkeit umgestalten wird, sodass er gleichförmig wird seinem Leib der Herrlichkeit, vermöge der Kraft, durch die er sich selbst auch alles unterwerfen kann. (Philipper 3,20-21)*

## B. Gericht

Jeder Mensch wird einmal aus dem Tod auferweckt und muss dann vor dem Richterstuhl Gottes erscheinen. Niemand kann diesem Gericht entgehen. Dabei ist es egal, zu welcher Zeit jemand lebte, welche Position er innehatte oder zu welcher Religion er gehörte.

> *Sterben müssen alle Menschen; aber sie sterben nur einmal, und darauf folgt das Gericht. (Hebräer 9,27, NGÜ)*

▶ **Aktivität 5:** Nach welchen Kriterien werden die Menschen im Gericht Gottes beurteilt? Mit welchem Ausgang müssen sie rechnen (vgl. Offenbarung 20,11-15)?

_____

_____

_____

_____

Gott hat über das Leben eines jeden Menschen Buch geführt und wird daher ein gerechtes Urteil fällen. Aufgrund des Gerichts werden die Menschen in **zwei verschiedene Gruppen** eingeteilt werden.

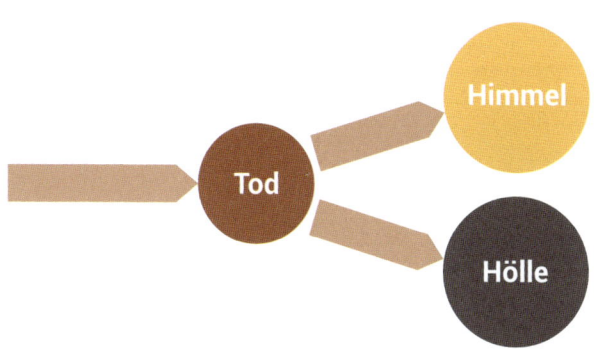

## C. Verdammnis

Menschen, die keine Vergebung ihrer Schuld durch Jesus Christus erfahren haben, erwartet nach dem Sterben das Leben in der Gottesferne.

Die Bibel gebraucht verschiedene Begriffe, um diesen Ort zu beschreiben. Sie spricht von der Hölle, der ewigen Verdammnis und von einem Ort der Finsternis und Qual, wo es Heulen und Zähneklappern geben wird (vgl. Daniel 12,2; Matthäus 25,46; 2. Thessalonicher 1,5-9; Offenbarung 19,20; Offenbarung 20,10-15).

> *Der Menschensohn wird seine Engel aussenden, und sie werden aus seinem Reich alle zusammenholen, die andere zu Fall gebracht und die ein gesetzloses Leben geführt haben, und werden sie in den Feuerofen werfen, dorthin, wo es nichts gibt als lautes Jammern und angstvolles Zittern und Beben. (Matthäus 13,41-42, NGÜ)*

▶ **Aktivität 6:** Aus welchem Grund kommen Menschen an den schrecklichen Ort der Gottesferne? Lesen Sie dazu Markus 16,16!

## D. Herrlichkeit

Menschen, die an Jesus glauben, erwartet nach dem Sterben das Leben in Gottes neuer Welt, der ewigen Herrlichkeit. Die Bibel bezeichnet diesen Ort als den „Himmel". Er ist jetzt die Wohnung Gottes (vgl. Markus 16,19) und wird einst auch die ewige Heimat derer sein, die schon jetzt zu Jesus Christus gehören. Paulus schrieb:

> *Wir dagegen sind Bürger des Himmels, und vom Himmel her erwarten wir auch unseren Retter – Jesus Christus, den Herrn. (Philipper 3,20, NGÜ)*

An diesem Ort werden einst Menschen aus allen Nationen, Stämmen, Völkern und Sprachen sein, um Gott anzubeten (vgl. Offenbarung 7,9-10). Die Vollkommenheit und Schönheit dieses Ortes übertrifft alle menschlichen Vorstellungen bei Weitem (vgl. Offenbarung 21,1-22).

▶ **Aktivität 7:** Was oder wer wird im Himmel nicht zu finden sein? Lesen Sie dazu Offenbarung 21,4 und Offenbarung 21,8!

_____

_____

_____

_____

# III. WIE BEREITE ICH MICH AUF DIE EWIGKEIT VOR?

Jesus sprach in einem Gleichnis von einem reichen Gutsbesitzer, der so viele Reichtümer gesammelt hatte, dass er wahrscheinlich für den Rest seines Lebens ausgesorgt hatte. Er hatte alles, was er brauchte. Dann lehnte er sich entspannt zurück und wollte den Rest seines Lebens nur noch genießen (Lukas 12,16-21). Doch Gott sagte ganz unerwartet zu ihm:

*Du Narr! In dieser Nacht wird man deine Seele von dir fordern; und wem wird gehören, was du bereitet hast? (Lukas 12,20)*

Gott bezeichnete diesen intelligenten Mann als einen Narren. Warum? Er hatte ausreichend für sein irdisches Leben gesorgt, doch überhaupt nicht für die Ewigkeit. Auch heute denken viele Menschen ganz ähnlich wie er. Ihr irdisches Leben ist ihnen wichtiger als ihre Vorbereitung auf die Ewigkeit. An dieser Stelle hat der reiche Mann keine weise Entscheidung getroffen.

Wir sind als Menschen für die Ewigkeit bestimmt. Jeder von uns muss sich für eine der genannten Alternativen entscheiden: entweder für die ewige Herrlichkeit bei Gott, oder für den Ort der Gottesferne und der Qual. Die Entscheidung darüber müssen wir hier, solange wir auf der Erde leben, treffen.

▶ **Aktivität 8:** Was erfahren wir in der Bibel darüber, wie wir in den Himmel kommen können? Lesen Sie dazu Johannes 1,12 und Johannes 11,25!

_____

_____

_____

_____

## Auf welchem Weg befinden Sie sich?

Die Reise unseres irdischen Lebens begann mit der **Geburt** und endet mit dem **leiblichen Tod**. Daraufhin müssen wir vor dem **Gericht Gottes** erscheinen. Alle Menschen sind vor Gott schuldig und befinden sich von Natur aus auf dem Weg, der in die ewige **Verdammnis** führt. Eigentlich müssten wir alle bei dem Gericht Gottes durchfallen und an den Ort der ewigen Strafe (die Hölle) kommen.

Weil Gott uns aber liebt, möchte er uns vor diesem schrecklichen Endziel bewahren. Darum sandte er seinen Sohn, **Jesus Christus**, als Retter in diese Welt (auf der Skizze mit dem **Kreuz** dargestellt).

Als Jesus am Kreuz auf Golgatha starb, nahm er stellvertretend unsere Schuld auf sich. Darum können wir durch ihn Vergebung unserer ganzen Schuld bekommen und den Weg betreten, der zum ewigen Leben führt.

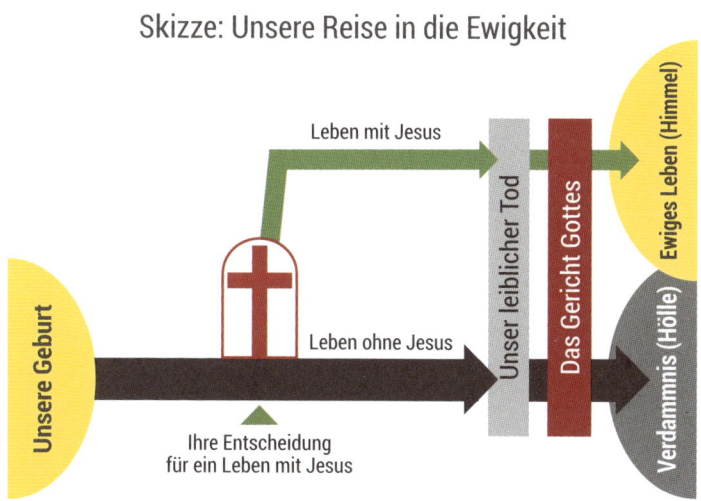

Skizze: Unsere Reise in die Ewigkeit

Wenn jetzt ein Mensch eine **Entscheidung** für ein Leben mit Jesus Christus trifft (Umkehr, Bekehrung), empfängt er von Gott ein neues Leben (Wiedergeburt). Damit befindet er sich auf dem Weg, der in den Himmel führt. Jesus lädt Sie ein, sein Angebot anzunehmen.

Möchten Sie sich für ein Leben mit Jesus entscheiden? Dann wenden Sie sich in einem Gebet an Jesus Christus. Bekennen Sie ihm im Gebet Ihre Schuld, bitten Sie ihn, in Ihr Leben zu kommen und Ihr Retter und Herr zu werden. Er wird Ihr Gebet ganz sicher erhören.

LEKTION 4

# WAS JESUS FÜR UNS TAT

## WELCHE BEDEUTUNG HAT JESUS FÜR UNSER LEBEN?

Jesus provozierte viele seiner Zeitgenossen durch sein Leben und durch seine Reden. Die einen sahen in ihm den angekündigten Retter, andere hielten ihn für einen Irrlehrer oder Aufrührer im Volk. Wer ist Jesus aber wirklich? Was qualifizierte ihn dazu, der Retter der Menschen zu sein? Diesen Fragen wollen wir in dieser Lektion nachgehen.

▶ **Aktivität 1:** Wie denken Sie über Jesus? Wer ist er Ihrer Meinung nach?

☐ Ich halte Jesus für einen bedeutenden Lehrer.

☐ Ich halte Jesus für einen fanatischen Irrlehrer.

☐ Ich halte Jesus für einen politischen Führer.

☐ Ich halte Jesus für den einzigen Retter.

Über den Einfluss von Jesus auf eine zweitausendjährige Geschichte schrieb Michael Green folgendes:

> „Jesus von Nazareth ist die wichtigste Person der Weltgeschichte. Dieser Lehrer aus Galiläa hatte mehr Einfluss auf die Menschheit als irgendjemand sonst. Unsere Zeitrechnung basiert auf ihm. Die Grundzüge unseres Erziehungssystems, unsere Werte, unsere Maßstäbe, unsere Gesetze, unsere Medizin und unser Streben nach Gerechtigkeit verdanken wir, mehr als jedem anderen, ihm."

Napoleon sagte über Jesus zu einem seiner Offiziere:

> „Alexander, Cäsar, Karl der Große und ich, wir haben Imperien errichtet. Aber worauf haben wir das, was wir geschaffen haben, gegründet? Auf Macht. Jesus Christus hat sein Imperium allein auf Liebe gebaut; und jetzt, zu dieser Stunde, sind Millionen von Menschen bereit, für ihn zu sterben."

# I. WER IST JESUS?

Jesus ist vor ca. 2000 Jahren in Bethlehem, einem kleinen Ort in Israel, geboren. Das Besondere an ihm war, dass er einerseits ein Mensch wie Sie und ich war und gleichzeitig Gottes Sohn (vgl. Markus 1,1).

## A. Jesus ist wahrer Gott

Die Bibel lehrt an zahlreichen Stellen, dass Jesus Gottes Sohn ist (z.B.: Matthäus 4,3; 8,29; 14,33; 26,63).

> *Da antwortete Simon Petrus und sprach: Du bist der Christus, der Sohn des lebendigen Gottes! (Matthäus 16,16)*
>
> *Und ich [Johannes der Täufer] habe es gesehen und bezeuge, dass dieser der Sohn Gottes ist. (Johannes 1,34)*

Jesus bekennt sich dazu, Gottes Sohn zu sein, und spricht von Gott als seinem Vater (z.B.: Johannes 5,17-18; 6,44; 10,25.29; 14,2).

Die Beziehung zwischen Gott, dem Vater, und seinem Sohn ist kein natürliches Vater-Sohn-Verhältnis. Jesus ist nicht durch seine Geburt in Bethlehem zu Gottes Sohn geworden, sondern er ist Gottes Sohn von Ewigkeit her.

Weil Jesus wahrer Gott ist, ist er auch ewig. Von daher können wir verstehen, dass er an der Schöpfung der Welt beteiligt war (vgl. Johannes 1,3; Kolosser 1,15-16).

Für die Zeitgenossen Jesu war es schwer zu verstehen, dass Jesus bereits existierte, bevor er in Bethlehem geboren wurde (vgl. Johannes 8,57-58).

▶ **Aktivität 2:** Woran hätten Jesu Zeitgenossen erkennen können, dass Jesus wirklich Gottes Sohn ist? Lesen Sie dazu Matthäus 3,17; 14,33 und 27,54!

_____

_____

_____

_____

## B. Jesus ist wahrer Mensch

Obwohl Jesus Gottes Sohn ist, lernen wir ihn während seiner Zeit auf der Erde auch als vollkommenen Menschen kennen (1. Johannes 4,2). Folgende Tatsachen weisen darauf hin, dass Jesus wirklich Mensch war:

- Jesus wurde von Maria in Bethlehem geboren.
- Jesus hatte einen menschlichen Körper und menschliche Gefühle.
- Jesus kannte Hunger, Durst, Freude, Enttäuschung, Schmerz und Leid, wie andere Menschen und erlebte sogar den Tod.

▶ **Aktivität 3:** Welche Bedeutung hat die Tatsache, dass Jesus wirklich Mensch war, für unsere Beziehung zu ihm? Lesen Sie dazu Hebräer 4,15-16!

_____

_____

_____

## C. Jesus ist der Retter

Kurz nachdem Jesus geboren war, erschien ein Engel den Hirten, die auf dem Feld bei ihren Schafen Wache hielten. Er sagte zu ihnen:

> *Fürchtet euch nicht! Denn siehe, ich verkündige euch große Freude, die dem ganzen Volk widerfahren soll. Denn euch ist heute in der Stadt Davids der Retter geboren, welcher ist Christus, der Herr. (Lukas 2,10-11)*

Jesus verstand sich selbst als Retter der Menschen und als der Weg, der zum Vater führt. Er sagte über sich:

> *Ich bin der Weg und die Wahrheit und das Leben; niemand kommt zum Vater als nur durch mich! (Johannes 14,6)*

In Israel hatten viele darauf gehofft, dass Jesus ihr Retter in politischer Hinsicht werden würde, der sie von der Unterdrückung durch die Römer befreien würde (vgl. Lukas 24,21). Doch das war nicht sein Auftrag.

▶ **Aktivität 4:** Wovon wollte Jesus die Menschen erlösen? In welcher Hinsicht wollte er ihr Retter sein? Lesen Sie dazu Hebräer 9,28!

_____

_____

_____

Mit seinem Sterben am Kreuz hat Jesus die Kluft zwischen Gott und den Menschen überbrückt. Er ist der Weg, auf dem wir gehen müssen, um zu Gott zurückzufinden.

# II. HÖHEPUNKTE AUS DEM LEBEN VON JESUS

Die Bibel gibt uns keine lückenlose Biographie des Lebens Jesu. Am ausführlichsten wird uns in der Bibel über die Geburt Jesu, über seinen Dienst, sein Sterben, seine Auferstehung und seine Himmelfahrt berichtet.

## A. Seine Geburt

Jesus wurde ca. 4 v. Chr. in Bethlehem geboren. Seine Geburt war ein sehr ungewöhnliches Ereignis. Maria, die Mutter Jesu, wurde nicht durch einen Mann, sondern durch die Wirkung des Heiligen Geistes schwanger.

> *Die Geburt Jesu Christi aber geschah auf diese Weise: Als nämlich seine Mutter Maria mit Joseph verlobt war, noch ehe sie zusammengekommen waren, erwies es sich, dass sie vom Heiligen Geist schwanger geworden war. (Matthäus 1,18)*

Hirten auf dem Feld erfuhren durch einen Engel von Jesu Geburt im Stall von Bethlehem und eilten dorthin, um ihn zu sehen. Nachdem sie das Kind gesehen hatten, priesen und lobten sie Gott (vgl. Lukas 2,8-20).

Bereits einige Jahrhunderte im Voraus wurde das Kommen Jesu in diese Welt im Alten Testament angekündigt. **Einige Beispiele:**

- Jesus soll ein Nachkomme Davids sein (2. Samuel 7,12-16).
- Er soll in Bethlehem geboren werden (Micha 5,1).
- Er wird um unserer Sünde willen leiden und sterben (Jesaja 53,3-9).

## B. Sein Dienst

Jesus war etwa 30 Jahre alt, als er mit seinem öffentlichen Wirken begann.

Er reiste an viele Orte und verkündigte den Menschen die gute Nachricht vom Reich Gottes. Dabei gebrauchte er oft Gleichnisse, um geistliche Wahrheiten anschaulich zu machen, z.B. das Gleichnis vom verlorenen Schaf, von der verlorenen Münze oder vom verlorenen Sohn (Lukas 15,1-32).

Jesus heilte Kranke und vollbrachte in der Kraft Gottes erstaunliche Wunder. Diese Wunder bestätigen, dass Jesus der im Alten Testament angekündigte Messias ist (vgl. Johannes 20,30-31).

Jesus wählte zwölf Männer aus, die er auch als seine Jünger bezeichnete. Sie sollten ihn begleiten und von ihm lernen (vgl. Markus 3,13-19). Er unterrichtete sie und das Volk, das sich um ihn herum sammelte, über Gottes Reich.

▶ **Aktivität 5:** Was war an der Verkündigung Jesu so einzigartig? Was sagten die Leute über seine Lehre? Lesen Sie dazu Johannes 7,16.46!

_____

_____

_____

_____

## C. Sein Sterben

Jesus war völlig unschuldig und wurde doch wie ein Verbrecher auf qualvolle Weise an einem Kreuz hingerichtet.

Sein Tod unterschied sich in vielerlei Hinsicht vom Sterben gewöhnlicher Menschen:

- Sein Sterben wurde ca. 700 Jahre im Voraus durch den Propheten Jesaja angekündigt (vgl. Jesaja 53,5-7).

- Jesus gab sein Leben freiwillig. Er hätte Möglichkeiten gehabt, die Kreuzigung abzuwenden (Matthäus 26,53). Er tat es aber nicht, weil er sein Leben als Lösegeld für eine verlorene Menschheit einsetzen wollte (Markus 10,45).

- Jesus starb stellvertretend für unsere Schuld und machte damit für uns den Weg zu Gott frei (Kolosser 2,14).

- Sein Sterben am Kreuz ist ein Beweis der Liebe Gottes zu uns (1. Johannes 4,10).

▶ **Aktivität 6:** Wozu diente das Sterben von Jesus am Kreuz auf Golgatha? Lesen Sie dazu 1. Petrus 1,18-19!

_____

_____

_____

_____

## D. Seine Auferstehung

Nach seinem Tod wurde Jesus in ein Grab gelegt. Drei Tage später ist er von den Toten auferstanden. Insgesamt wurde Jesus nach seiner Auferstehung von mehr als 500 Menschen bei mindestens zehn Gelegenheiten gesehen. Die Auferstehung Jesu beweist, dass Jesus stärker ist als der Tod.

> *Denn als Erstes habe ich euch weitergegeben, was ich auch empfangen habe: Dass Christus gestorben ist für unsre Sünden nach der Schrift; und dass er begraben worden ist; und dass er auferweckt worden ist am dritten Tage nach der Schrift; und dass er gesehen worden ist von Kephas, danach von den Zwölfen. Danach ist er gesehen worden von mehr als fünfhundert Brüdern auf einmal, von denen die meisten noch heute leben, einige aber sind entschlafen. Danach ist er gesehen worden von Jakobus, danach von allen Aposteln. Zuletzt von allen ist er auch von mir als einer unzeitigen Geburt gesehen worden. (1. Korinther 15,3-8)*

Einige Gegner Jesu behaupteten, dass Jesus nicht wirklich auferstanden sei, sondern, dass seine Jünger den Leichnam gestohlen hätten. Dieses Argument ist nicht stichhaltig, wenn man bedenkt, dass das Grab Jesu sehr gut bewacht wurde. Die Jünger waren durch die vergangenen Ereignisse so sehr eingeschüchtert, dass sie niemals die Wache hätten überwältigen und den Leichnam stehlen können. Doch selbst, wenn ihnen dies gelungen wäre, hätten sie später nie mit so großer Überzeugung von ihrem auferstandenen Herrn reden können.

Die Auferstehung Jesu wird durch die ersten Christen bestätigt, die mutig ihr Leben für den Glauben an den auferstandenen Jesus riskierten. Niemand würde sein

Leben für etwas einsetzen, von dem er weiß, dass es nicht wahr ist (vgl. Apostelgeschichte 4,19-20).

▶ **Aktivität 7:** Welche Bedeutung hat die Tatsache, dass Jesus von den Toten auferstanden ist, für unsere Beziehung zu Gott? Lesen Sie dazu 1. Petrus 1,3!

_____

_____

_____

_____

Inzwischen liegt die Auferstehung Jesu schon etwa zweitausend Jahre zurück. Beständig wächst die Zahl derer, die an Jesus als den Auferstandenen glauben.

## E. Seine Himmelfahrt

Nach seiner Auferstehung kam Jesus zu seinen Freunden und lehrte sie. Erst nach vierzig Tagen verließ Jesus diese Erde, um zu seinem Vater im Himmel zurückzukehren. Vor den Augen der Jünger wurde er emporgehoben und eine Wolke entzog ihn den Blicken seiner Jünger (vgl. Apostelgeschichte 1,9-11). Jetzt sitzt Jesus zur Rechten Gottes und tritt als Stellvertreter für alle ein, die durch ihn zu Gott kommen möchten (vgl. Römer 8,33-34).

> *Und das ist auch der Grund dafür, dass er alle vollkommen retten kann, die durch ihn zu Gott kommen. Er, der ewig lebt, wird nie aufhören, für sie einzutreten. (Hebräer 7,25, NGÜ)*

# III. JESUS – DIE BRÜCKE ZU GOTT

In der nachfolgenden Skizze sehen wir auf der einen Seite **Menschen**, die aufgrund ihrer Sünde von Gott getrennt sind. Auf der anderen Seite befindet sich **Gott**. Aufgrund seiner Heiligkeit kann er keine Sünde dulden. **Die Sünde ist wie eine Kluft**, die uns von Gott trennt. Die **Pfeile** stehen für die Versuche des Menschen, aus eigener Kraft zu Gott zu kommen. Alle diese Versuche (z.B. gute Werke) scheitern.

Nur Jesus (hier mit dem **Kreuz** dargestellt) hat die Qualifikationen eines Retters erfüllt (vgl. 1. Petrus 1,18-19). Er ist unsere **Brücke**, damit wir zu Gott kommen können. Dennoch ist damit nicht jeder automatisch gerettet. Der Mensch muss im Glauben über diese Brücke gehen.

▶ **Aktivität 8:** Wozu lädt uns Jesus in Matthäus 11,28 ein?

_____

_____

_____

_____

LEKTION 5

# SO WIRD DAS LEBEN NEU

## DIE WICHTIGSTE ENTSCHEIDUNG

Im Laufe unseres Lebens müssen wir viele Entscheidungen treffen. Manche sind nicht besonders wichtig, andere dagegen sind von großer Tragweite. Sie wirken sich nicht nur auf die kommenden Monate oder Jahre aus, sondern auf unser ganzes weiteres Leben.

Die Entscheidung für Jesus kann zu Recht als die wichtigste Entscheidung im Leben bezeichnet werden. Sie hat nicht nur Folgen für unser jetziges Leben, sondern auch für die Ewigkeit.

## I. WAS IST EINE ENTSCHEIDUNG FÜR JESUS?

Wenn sich jemand für Jesus entscheidet, führt das zu einer grundlegenden Wende in seinem Leben. Die Bibel gebraucht für diesen Schritt den Begriff „Bekehrung".

Die Bekehrung ist eine radikale, einmalige Umkehr des Menschen zu Gott als Antwort auf seinen Ruf.

## A. Bekehrung bedeutet Abkehr von der Sünde

Die Bekehrung eines Menschen hat immer zwei Seiten:

- die Abkehr von der Sünde und
- die Hinkehr zu Gott.

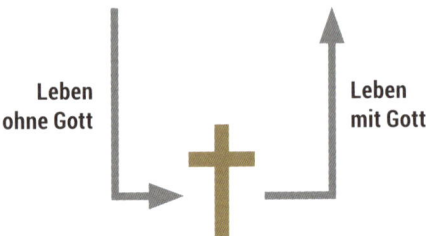

Ein Mensch wendet sich von der Sünde ab und damit von allem, was Gott nicht gefällt. Dann vertraut er sein Leben Jesus Christus an. Als die Thessalonicher sich bekehrten, wandten sie sich von ihren Götzen ab, um dem lebendigen Gott zu dienen (1. Thessalonicher 1,9).

▶ **Aktivität 1:** Wie beschreibt der Apostel Paulus das Leben von denen, die nicht mit Gott leben? Lesen Sie dazu Titus 3,3!

_____

_____

_____

_____

## B. Bekehrung bedeutet Hinkehr zu Gott

Die zweite Seite einer Entscheidung für Jesus ist die Hinkehr zu Gott. Wir wenden uns von einem Leben in der Sünde ab und bitten Jesus, in unser Leben zu kommen, um mit ihm ein neues Leben zu beginnen. Er soll ab diesem Zeitpunkt der Mittelpunkt unseres Lebens sein (vgl. Matthäus 18,3; Lukas 5,32; 15,7; Apostelgeschichte 14,15; 26,18; 1. Petrus 2,25).

▶ **Aktivität 2:** Mit welchem Ergebnis darf derjenige rechnen, der sich von ganzem Herzen zu Jesus Christus bekehrt? Lesen Sie dazu Apostelgeschichte 3,19!

_____

_____

_____

_____

## C. Bekehrung führt zur Wiedergeburt

Von jedem Menschen erwartet Gott, dass er sich bekehrt. Als Antwort darauf schenkt Gott ihm durch die Wiedergeburt ein neues Leben. Somit besteht die Errettung aus zwei Seiten:

- **Bekehrung** = die menschliche Seite
- **Wiedergeburt** = die göttliche Seite

| Bekehrung | Wiedergeburt |
|:---:|:---:|
| – die menschliche Seite – | – die göttliche Seite – |
| – die Aufgabe des Menschen | – die Aufgabe Gottes |
| – der Mensch muss sich bekehren | – Gott schenkt ein neues Leben |

Jesus sprach mit Nikodemus, einem Pharisäer, ausführlich über die geistliche Wiedergeburt (Johannes 3,1-10). Dabei erklärte er ihm, dass es unmöglich ist, gerettet zu werden, ohne von neuem, bzw. von oben geboren zu werden. Die neue Geburt ist nötig, da unsere alte Natur von Grund auf sündhaft ist und wir damit nicht in den Himmel kommen können.

> *Jesus antwortete und sprach zu ihm: Wahrlich, wahrlich, ich sage dir: Wenn jemand nicht von neuem geboren wird, so kann er das Reich Gottes nicht sehen! (Johannes 3,3)*

Nikodemus verstand zunächst nicht, wovon Jesus sprach. Er fragte sich, wie es möglich sein soll, dass ein Erwachsener ein zweites Mal geboren werden kann. Daraufhin erklärte ihm Jesus, dass es sich dabei nicht um eine natürliche, sondern um eine geistliche Geburt handelt. Diese Geburt wird durch den Geist Gottes gewirkt.

Mit dem Begriff „Wiedergeburt" bezeichnet die Bibel jenen Vorgang, durch den Gott einen Menschen im geistlichen Sinne lebendig und zu einem Kind Gottes macht.

Die Wiedergeburt ist Gottes Handeln an einem Menschen, der sich zu ihm bekehrt (vgl. Johannes 1,12-13; Titus 3,5; 1. Petrus 1,3.23; 1. Johannes 4,7; 5,1).

▶ **Aktivität 3:** Können wir sicher sein, dass alle, die an Jesus als den Sohn Gottes glauben, das ewige Leben haben? Lesen Sie dazu 1. Johannes 5,12-13!

_____

_____

_____

_____

# II. WARUM IST DIESE ENTSCHEIDUNG SO WICHTIG?

## A. Weil es nur einen Weg zu Gott gibt

Die Bibel lehrt, dass die gesamte Menschheit in zwei Gruppen eingeteilt werden kann. Jesus spricht von zwei unterschiedlichen Wegen.

> Geht ein durch die enge Pforte! Denn die Pforte ist weit und der Weg ist breit, der ins Verderben führt; und viele sind es, die da hineingehen. Denn die Pforte ist eng und der Weg ist schmal, der zum Leben führt; und wenige sind es, die ihn finden. (Matthäus 7,13-14)

Jeder Mensch befindet sich somit entweder auf dem breiten Weg, der in die Verdammnis führt, oder auf dem schmalen Weg, der zum Leben führt.

**Auf dieser Skizze** wird der breite Weg schwarz und der schmale Weg weiß dargestellt.

Um vom breiten auf den schmalen Weg zu wechseln, muss ein Mensch zu Jesus kommen (hier als Kreuz dargestellt). Der Mensch bringt Jesus im Gebet seine Sünden und nimmt ihn als Herrn in sein Leben auf (= Bekehrung). Gott schenkt ihm daraufhin ein neues Leben (= Wiedergeburt). Er ist damit zu einem Kind Gottes geworden und befindet sich jetzt auf dem schmalen Weg, der zum Himmel führt.

▶ **Aktivität 4:** Wie werden in Apostelgeschichte 26,18 die beiden Gruppen, in die die Menschheit eingeteilt werden kann, beschrieben?

## B. Weil wir aus eigener Kraft nicht gerettet werden können

Menschen versuchen immer wieder aus eigener Kraft heraus, Frieden mit Gott zu finden. Dazu gehören z.B. ein religiöses Leben und gute Werke. Alle diese Rettungsversuche können nicht gelingen, da die Sünde als Barriere zwischen Gott und den Menschen steht.

*Denn aus Gnade seid ihr errettet durch den Glauben, und das nicht aus euch – Gottes Gabe ist es; nicht aus Werken, damit niemand sich rühme. (Epheser 2,8-9)*

Die Bibel charakterisiert den allgemeinen Zustand des Menschen so:

- verirrt, wie Schafe, die sich verlaufen haben (Jesaja 53,6).
- blind für Gottes Geheimnisse (1. Korinther 2,14).
- schuldig und von Gott getrennt (Jesaja 59,1-2; Römer 3,23).

▶ **Aktivität 5:** Welche Versuche, um gerettet zu werden, sind zum Scheitern verurteilt? Lesen Sie dazu Römer 3,20!

_____

_____

_____

_____

## C. Weil es nur einen Retter gibt

Jesus ist in diese Welt gekommen, damit wir im Gericht Gottes bestehen können. Einen anderen Retter außer Jesus gibt es nicht. Petrus sagte über ihn:

> *Bei niemand anderem ist Rettung zu finden; unter dem ganzen Himmel ist uns Menschen kein anderer Name gegeben, durch den wir gerettet werden können. (Apostelgeschichte 4,12, NGÜ)*

▶ **Aktivität 6**: Weshalb ist Jesus dafür qualifiziert, der Retter der Menschen zu sein? Lesen Sie dazu 2. Korinther 5,21!

_____

_____

_____

_____

## D. Weil Gott eine Bekehrung von uns erwartet

Gott nimmt uns nicht gegen unseren Willen in sein Reich auf. Er wartet auf unser freiwilliges Ja zu ihm. Gott lädt uns ein, ja, er fordert uns sogar auf, zu ihm umzukehren.

> *So tut nun Buße und bekehrt euch, dass eure Sünden ausgetilgt werden, damit Zeiten der Erquickung vom Angesicht des Herrn kommen. (Apostelgeschichte 3,19)*

Unsere Antwort auf Gottes Einladung ist erforderlich. Die Entscheidung liegt bei uns (vgl. Apostelgeschichte 16,30-31).

# III. WIE GESCHIEHT DIE UMKEHR ZU GOTT?

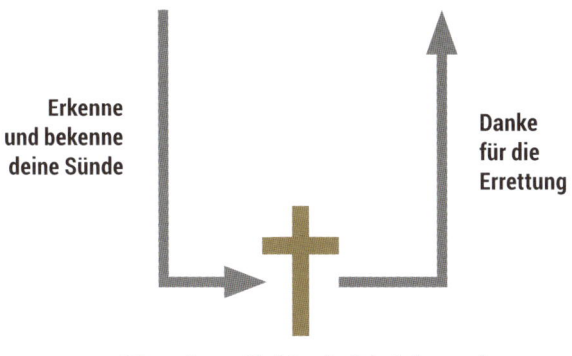

## A. Sünden bekennen

Gott möchte, dass wir uns von unseren Sünden abwenden. Das bedeutet nicht, dass wir jede Sünde unseres Lebens bekennen müssen. Das wäre unmöglich. Wir müssen aber erkennen, dass wir gesündigt haben und vor Gott schuldig geworden sind. Wenn wir dann mit der Schuld unseres ganzen Lebens im Gebet zu Jesus kommen und ihn um Vergebung bitten, vergibt er sie uns gern (vgl. Lukas 15,21; 18,13; Psalm 32,5).

> *Wenn wir aber unsere Sünden bekennen, so ist er [Jesus] treu und gerecht, dass er uns die Sünden vergibt und uns reinigt von aller Ungerechtigkeit. (1. Johannes 1,9)*

## B. Jesus aufnehmen

Der zweite Schritt bei der Bekehrung besteht darin, dass wir Jesus in unser Leben aufnehmen. Wir akzeptieren Jesus als den Herrn unseres Lebens und vertrauen ihm unser ganzes weiteres Leben an.

> *Allen aber, die ihn [Jesus] aufnahmen, denen gab er das Anrecht, Kinder Gottes zu werden, denen, die an seinen Namen glauben. (Johannes 1,12)*

Möchten Sie heute eine Entscheidung für ein Leben mit Jesus treffen und ihn als Herrn in Ihr Leben aufnehmen? Dann wenden Sie sich im Gebet an Jesus. Auch wenn Sie Jesus nicht sehen und vielleicht nicht fühlen, dürfen Sie glauben, dass er Ihnen jetzt nahe ist und alles hört, was Sie ihm sagen.

Das folgende Gebet können Sie zu Ihrem eigenen Gebet machen, um Jesus Christus in Ihr Leben aufzunehmen.

> „Herr Jesus, ich danke dir, dass du mich liebst und für mich am Kreuz auf Golgatha gestorben bist. Ich danke dir, dass du am Kreuz meine Sünden auf dich genommen und die Strafe für meine Schuld bezahlt hast. Ich bekenne dir, dass ich ein Sünder bin und vor dir schuldig geworden bin. Meine Sünden tun mir leid. Ich bitte dich, mir alle meine Sünden zu vergeben. Ich nehme dich jetzt in mein Leben auf und möchte, dass du der Herr meines Lebens bist. Ich bekehre mich zu dir und möchte dir gehören und dir nachfolgen mein Leben lang. Ich danke dir dafür, dass du mich erhört hast und ich jetzt ein Kind Gottes sein darf. Amen!"

## C. Für die Errettung danken

Sie haben mit Ihrer Entscheidung für Jesus ein neues Leben von Gott empfangen. Sie sind ein Kind Gottes geworden und gehören nun zur Familie Gottes. Gott hat Ihnen das größte Geschenk gegeben, dass Sie sich überhaupt vorstellen können. Darum haben Sie viel Grund, Jesus für dieses großartige Geschenk zu danken (vgl. Lukas 17,15-16; Epheser 5,20).

*Darum: Ist jemand in Christus, so ist er eine neue Schöpfung; das Alte ist vergangen; siehe, es ist alles neu geworden! (2. Korinther 5,17)*

Nachdem Sie sich bekehrt haben, nehmen Sie sich doch gleich etwas Zeit, um noch einmal zu beten und ganz bewusst für die Errettung zu danken.

▶ **Aktivität 7:** Wenn Sie bereits eine Entscheidung für Jesus getroffen haben, würden wir uns freuen, wenn Sie kurz beschreiben würden, wann und wie Sie dies erlebt haben!

_____

_____

_____

_____

_____

ANHANG

# MIT JESUS LEBEN

## DREI PRINZIPIEN FÜR EIN GESUNDES GEISTLICHES LEBEN

Nachdem Sie sich bekehrt haben, stehen Sie am Anfang eines neuen Weges. Vor Ihnen liegt eine interessante Entdeckungsreise. Sie werden neue, wunderbare Erfahrungen mit Jesus machen, aber auch manche Enttäuschungen erleben.

Die Bibel gibt uns viele Ratschläge für unser geistliches Leben. Drei davon möchte ich an dieser Stelle nennen. Sie beginnen alle mit dem Buchstaben „G". Weil diese Punkte so wichtig sind, können sie auch als Säulen für das geistliche Leben bezeichnet werden.

Für die erste Gemeinde in Jerusalem waren diese Punkte ebenfalls sehr wichtig. Von den Gläubigen dort wurde berichtet:

> *Und sie blieben beständig in der Lehre der Apostel und in der Gemeinschaft und im Brotbrechen und in den Gebeten. (Apostelgeschichte 2,42)*

# I. Gottes Wort – die Lehre der Apostel

Die Bibel ist das Wort Gottes. Durch sie lernen wir Gottes Willen für unser Leben kennen und Gott spricht durch sie mit uns. Darum sollte es unser Wunsch sein, die Bibel gut zu kennen.

> *Diese aber [die Gläubigen in Beröa] waren edler gesinnt als die in Thessalonich und nahmen das Wort mit aller Bereitwilligkeit auf; und sie forschten täglich in der Schrift, ob es sich so verhalte. (Apostelgeschichte 17,11)*

Es ist eine gute Angewohnheit, regelmäßig in der Bibel zu lesen. Wir empfehlen, täglich – am besten bereits morgens – einen kurzen Bibeltext zu lesen und darüber nachzudenken. Neubekehrten schlagen wir vor, mit dem Lesen der Evangelien im Neuen Testament zu beginnen und danach das ganze Neue Testament durchzulesen. Die Bibel sollte für uns zu unserem liebsten Buch werden.

# II. Gebet

Im Gebet reden wir mit Gott. Wir dürfen ihm alles sagen, was uns bewegt. Durch das Gebet vertiefen wir auch unsere Beziehung zu Gott. Darum sollten wir uns regelmäßig Zeit dafür nehmen.

Wenn wir beten, ist es gut, mit dem Lob Gottes und mit Danken zu beginnen. Wir können für unsere Errettung danken, für das, was Jesus am Kreuz auf Golgatha für uns getan hat, und auch für die vielen guten Gaben, die wir von ihm empfangen haben.

Anschließend können wir für die Aufgaben beten, die vor uns liegen, für die Nöte anderer Menschen und für diejenigen, die Jesus noch nicht als ihren Erretter kennen, damit sie sich ebenfalls bekehren.

Wie wäre es, wenn Sie sich eine feste Zeit am Tag für das Bibellesen und Gebet reservieren würden? Viele Christen stehen morgens ganz bewusst etwas früher auf, damit sie genügend Zeit dafür haben. Der frühe Morgen ist besonders gut geeignet, um Gottes Wort zu lesen und zu beten.

> *Herr, in der Frühe wirst du meine Stimme hören; in der Frühe werde ich dir zu Befehl sein und Ausschau halten. (Psalm 5,4)*
>
> *Und am Morgen, als es noch sehr dunkel war, stand er [Jesus] auf, ging hinaus an einen einsamen Ort und betete dort. (Markus 1,35)*

Diese Zeit des Bibellesens und des Gebets bezeichnen wir auch als „Stille Zeit". Wir brauchen Zeiten der Stille, um auf Gott zu hören und mit ihm zu reden. Dadurch bekommen wir Kraft und bereiten uns auf die aktuellen Herausforderungen des Tages vor.

## III. Gemeinschaft

Als bekehrte und wiedergeborene Menschen gehören wir zu einem neuen Volk. Wir sind Kinder Gottes geworden. Andere gläubige Menschen sind in geistlicher Hinsicht unsere Brüder und Schwestern. Wir bilden gemeinsam eine neue „Familie".

Als Gläubige brauchen wir Ermutigung, Ermahnung und Lehre aus Gottes Wort. All das finden wir in einer Gemeinde von lebendigen und wiedergeborenen Christen (vgl. Hebräer 10,25; Epheser 4,15-16).

## Wie geht es weiter?

Haben Sie sich aufgrund dieses Kurses für ein Leben mit Jesus entschieden? Wenn ja, dann möchten wir Ihnen gern weitere Hilfestellungen für Ihr neues Leben mit Jesus geben.

Besonders hilfreich kann für Sie der fünfteilige Bibelfernkurs „Mit Jesus leben" sein, den wir Ihnen gern kostenlos zusenden. Gern können Sie uns Ihre Antworten zur Durchsicht schicken. Nach Abschluss des Kurses erhalten Sie ein Zertifikat.

Ferner empfehlen wir Ihnen den Bibelgrundkurs „Neues Leben mit Jesus" Teil 1. Er besteht aus 12 Lektionen und ist für das Selbststudium und für die Arbeit in einer Gruppe geeignet.

Haben Sie bereits Anschluss an eine Gemeinde gefunden, in der die Bibel als Wort Gottes klar verkündigt wird? Wenn nicht, dann wenden Sie sich doch einfach an uns. Vielleicht können wir Ihnen an dieser Stelle behilflich sein. Es ist wichtig, dass Christen nicht allein bleiben, sondern Kontakt mit Menschen haben, die auch an Jesus glauben.

---

### Haben Sie diesen Kurs im Selbststudium erarbeitet?

Nachdem Sie nun diesen Kurs vollständig durchgearbeitet haben, können Sie dieses Buch zur Durchsicht an Bruderhand-Medien einsenden. Sie erhalten es korrigiert zurück zusammen mit einem Zertifikat. Bitte tragen Sie auf der gegenüberliegenden Seite Ihre Adresse ein. Weitere Infos zur Arbeitsweise finden Sie auf den Seiten 12-13.

# Bestellschein <small>Alpha und Omega</small>

Wir empfehlen Ihnen, im Anschluss an diesen Bibelkurs mit dem fünfteiligen Bibelfernkurs „Mit Jesus leben" weiterzumachen.

☐ Ja, ich habe Interesse an dem Bibelfernkurs „Mit Jesus leben" und bitte um Zusendung aller fünf Lektionen (kostenlos).

☐ Ich habe das Gebet in dieser Schrift (S. 72) am _____ zu meinem Gebet gemacht und mich damit für ein Leben mit Jesus entschieden. Darum bitte ich um Zusendung einiger hilfreicher Materialien für mein neues Leben mit Jesus (kostenlos).

☐ Ich bestelle den Bibelgrundkurs „Neues Leben mit Jesus" Band 1 von Manfred Röseler, 168 Seiten, gebunden, farbig gestaltet, Best.-Nr. 662446, € 9,90.

☐ Ich bestelle: _____

Name: _____

Straße, Haus-Nr.: _____

PLZ, Ort: _____

Land: _____

Ab € 35,- Bestellwert liefern wir innerhalb Deutschlands versandkostenfrei (Buchhandlungen und Verlage sind davon ausgenommen). Für Bestellungen unter € 35,- betragen die Versandkosten maximal € 5,90. Für Sendungen ins Ausland werden die tatsächlich anfallenden Versandkosten in Rechnung gestellt.

Bitte senden Sie den Bestellschein an:

**Bruderhand-Medien**
Am Hofe 2, 29342 Wienhausen, Deutschland
Tel.: 05149 9891-0; E-Mail: info@bruderhand.de

Manfred Röseler
**Bibelgrundkurs: Neues Leben mit Jesus, Bd. 1**

Dieser Bibelgrundkurs wendet sich an Menschen, die jung im Glauben sind. Er bietet ihnen einen systematischen Überblick über zwölf biblische Themen und hilft ihnen bei ihren ersten Schritten im Glauben.

168 Seiten, 12 Lektionen, durchgehend farbig
Bestell-Nr. 662446, € 9,90
bruderhand.de/bibelgrundkurs

Manfred Röseler
**Bibelgrundkurs: Neues Leben mit Jesus, Bd. 2**

Band 2 von dem Bibelgrundkurs „Neues Leben mit Jesus" behandelt weitere zwölf Themen des Glaubens. Alle Lektionen sind in sich abgeschlossen und können auch unabhängig von anderen durchgearbeitet werden.

184 Seiten, 12 Lektionen, durchgehend farbig
Bestell-Nr. 662447, € 9,90
bruderhand.de/bibelgrundkurs

Manfred Röseler
**75 Wochen Bibel lesen** (Bibelleseplan)
Einmal durch die ganze Bibel – Ein Abenteuer besonderer Art

Dieser Bibelleseplan führt Sie in 75 Wochen (18 Monaten) durch die ganze Bibel. Für jedes Buch der Bibel werden wichtige Hintergrundinformationen genannt. Außerdem finden Sie für jeden Tag einen Bibeltext und zwei Fragen zum gelesenen Bibeltext.

232 Seiten, Paperback, Best.-Nr. 681050
bruderhand.de/bibelgrundkurs